BEI GRIN MACHT SICH IHR WISSEN BEZAHLT

AF155977

- Wir veröffentlichen Ihre Hausarbeit,
  Bachelor- und Masterarbeit

- Ihr eigenes eBook und Buch -
  weltweit in allen wichtigen Shops

- Verdienen Sie an jedem Verkauf

Jetzt bei www.GRIN.com hochladen
und kostenlos publizieren

Erik Tuchtfeld

Die Entwicklung des Althochdeutschen im Zusammenhang mit dem historischem Hintergrund

GRIN Verlag

Bibliografische Information der Deutschen Nationalbibliothek:

Die Deutsche Bibliothek verzeichnet diese Publikation in der Deutschen National-
bibliografie; detaillierte bibliografische Daten sind im Internet über http://dnb.d-
nb.de/ abrufbar.

Impressum:

Copyright © 2010 GRIN Verlag GmbH
Druck und Bindung: Books on Demand GmbH, Norderstedt Germany
ISBN: 978-3-640-82096-2

Dieses Buch bei GRIN:

http://www.grin.com/de/e-book/165917/die-entwicklung-des-althochdeutschen-im-
zusammenhang-mit-dem-historischem

GRIN - Your knowledge has value

Der GRIN Verlag publiziert seit 1998 wissenschaftliche Arbeiten von Studenten, Hochschullehrern und anderen Akademikern als eBook und gedrucktes Buch. Die Verlagswebsite www.grin.com ist die ideale Plattform zur Veröffentlichung von Hausarbeiten, Abschlussarbeiten, wissenschaftlichen Aufsätzen, Dissertationen und Fachbüchern.

Besuchen Sie uns im Internet:

http://www.grin.com/

http://www.facebook.com/grincom

http://www.twitter.com/grin_com

Ein Vergleich der historischen mit der literarischen Epoche von 750 n. Chr. - 1100 n. Chr.

Frühmittelalter – Althochdeutsch

Abgabedatum: 21. Mai 2010

Erik Tuchtfeld

Inhaltsverzeichnis

1.) Einleitung

Althochdeutsch, Frühmittelalter, als Leser verbindet mit den Namen dieser Epoche wohl kaum besonders viel, es kommen schwammige Assoziationen von Rittern und Burgen auf, doch was gibt es für literarische Werke aus dieser Zeit? Tatsächlich befinden wir uns im Frühmittelalter in einer Zeit des Krieges, in einer Zeit in der ein großer Kaiser, Karl der Große, ein Reich von immenser Größe erschaffte, er eroberte Land, führte immer wieder Kriege gegen die verschiedensten Parteien um sein Reich zu vergrößern, allerdings führte er auch Bildungsreformen durch und genau dies spiegelt sich auch in der Literaturepoche des Althochdeutschen wieder. Es geht nur sehr wenig darum, welcher Autor welches Werk verfasste, es geht viel mehr um die Entwicklung der deutschen Sprache. Wenn man diese Epoche genauer betrachtet, kann man erkennen, wie sehr doch Sprachentwicklung und weltliches Geschehen, wie Kriege, Waffenstillstände und die Politik im Allgemeinen, miteinander verflochten sind. Man findet in dieser Epoche die Ursprünge unseres heutigen Deutsch, aber eben auch die Erklärung für die Entwicklung anderer Sprachen, auf einmal wird einem bewusst, dass viele europäische Sprachen doch sehr stark miteinander verwandt sind.

2.) Die literarische Epoche des Althochdeutschen

Wenn man sich mit der literarischen Epoche des Althochdeutschen beschäftigt, beschäftigt man sich anders als bei anderen Epochen weniger mit literarischen Werken, sondern primär mit der Sprachentwicklung des Deutschen. Allerdings ist es wichtig zu beachten, dass Althochdeutsch keine eigenständige Sprache ist, sondern lediglich eine Sprachfamilie, unter deren Dach sich verschiedene Dialekte sammeln. Diese Dialekte sind Alt- Fränkisch, Alt- Alemannisch, Alt- Bairisch, Alt- Sächsisch und Alt- Friesisch. Die starke Ähnlichkeit der verschiedene Dialekte untereinander lässt allerdings zu, diese unter dem Begriff „Althochdeutsch" zusammenzufassen.[1] Auf Grund des historischen Hintergrundes, auf den ich später noch genauer eingehen werde, wurde Althochdeutsch ein Kompromiss zwischen der „Bildungssprache" Latein (der Sprache der römisch- katholischen Kirche) und den verschiedenen regionalen Dialekten. Auf Grund dessen kann man bis heute noch die lateinischen Einflüsse ins Deutsche deutlich

---

1   vgl. auch Bengt Algot Sorensen, *Geschichte der Literatur – Bd. 1 Vom Mittelalter bis zur Romantik* (München: Beck'sche Reihe 1997) 18,20

wahrnehmen.

In die Epoche des Althochdeutschen fällt auch die „hochdeutsche Lautverschiebung" (auch 2. Lautverschiebung), welche sich von etwa 600 n. Chr. bis 800 n. Chr. vollzog. Die Lautverschiebung fand allerdings vor allen Dingen im germanischem Sprachraum statt und findet sich kaum im angelsächsischem Sprach wieder. Dies kann man auch heute noch mit verschiedenen Beispielen belegen. Mit dem Abschluss der 2. Lautverschiebung gilt auch die Entwicklung des Althochdeutschen abgeschlossen, weitere Sprachentwicklungen sind bereits die ersten Schritte in Richtung Mittelhochdeutsch.

Während der 2. Lautverschiebung kam es primär zu folgenden Veränderungen:

p   → pf   (Bsp. engl. pipe – dt. Pfeife)

      → f   (Bsp. engl. ship – dt. Schiff)

t   → s   (Bsp. engl. out – dt. aus)

k   → ch   (Bsp. engl. make – dt. machen)

Im Allgemeinen ist zu beobachten, dass sich mit der Entwicklung des Althochdeutschen das erste Mal eine Abgrenzung von den angelsächsischen (z. B. Englisch) und niederfränkischen (z. B. Niederländisch) Sprachen zeigt.

Es gibt nur sehr wenige literarische Werke, welche die Epoche des Althochdeutschen überlebten. Eines von ihnen ist das Hildebrandslied, welches sich insbesondere dadurch auszeichnet, dass es keine Überlieferung eines Kirchentextes, sondern eine Saga, ist. Das Hildebrandslied wurde ursprünglich ohne Titel hinterlassen, seinen Namen erhielt es erst durch die Gebrüder Grimm, welche als erste das Schriftstück bearbeiteten. Ursprünglich stammt das Hildebrandslied wohl von den Langobarden aus dem 6. oder 7. Jahrhundert, allerdings kommt die Abschrift, welche uns heute als Original in der Universitätsbibliothek Kassel vorliegt, aus der Mitte des 9. Jahrhunderts und ist damit eines der ältesten erhaltenen Werke in deutscher Sprache. Da die Abschrift in den Räumlichkeiten des Klosters Fulda verfasst wurde, wird deutlich welchen Weg von Süden nach Norden das ursprüngliche Schriftstück, auf dem die Saga verfasst war, hinter sich gelegt hat. Es handelt sich bei der Saga um ein heldenepisches Stabreimgedicht mit 68 Langversen, allerdings ist das Gedicht nicht vollständig abgeschrieben worden, so dass davon auszugehen ist, dass es ursprünglich wesentlich länger ist. Man fand die Saga auf den Rückseiten eines Kodexes des Klosters Fulda, dieser Kodex beinhaltete biblische Texte in lateinischer Sprache, die Saga konnte nicht vollständig kopiert werden, da es keinen Platz mehr auf den Rückseiten des Kodexes gab. Es war damals durchaus üblich, dass man auch Vorder- und Rückseiten solche Werke beschriftete, da Pergament sehr teuer war. [1]

Auf die Inhalte der Saga werde ich noch im Vergleich zwischen der historischen und der literarischen Epoche weiter eingehen.

3.) Die historische Epoche des Frühmittelalters

3.1) Der Weg der Hausmeier zu Machtergreifung im Frankenreich

Das Frühmittelalter ist die geschichtliche Epoche von etwa 650 n. Chr. - 1100 n. Chr.. Symbolfigur des frühen Mittelalters ist Karl der Große, unter ihm kam das Frankenreich zu seiner größten Ausdehnung. Allerdings reicht es nicht, wenn man nur die Figur des Karl des Großen betrachtet, um seine Erfolge und Handlungsweisen nachvollziehen zu können, muss man auch die Geschichte seiner Vorfahren betrachten. Ursprünglich war das Frankenreich in zwei verschiedene Teile aufgeteilt, Austrasien und Neustrien von Königen regiert, welche durch Hausmeier (major domus) unterstützt worden. Der besonders mächtige Hausmeier Pippin von Herstal schaffte es schlussendlich im Jahr 688 n. Chr. die Macht in beiden Herrschaftsbereichen an sich zu reißen, nachdem er im Krieg Austrasien zum Sieg gegen Neustrien führte. Im Laufe der Zeit gewannen die Hausmeier auch immer mehr Macht und die Könige nahmen schließlich eine hauptsächlich repräsentative Aufgabe wahr.[2] Dem Sohn von Pippin von Herstal, Karl Martell, gelang es die Macht der Hausmeier weiter zu festigen, in dem er die Franken gegen mehrere Bedrohungen erfolgreich zum Sieg führte. Besonders relevant ist hierbei die Schlacht im Jahr 732 n. Chr. bei Poitiers, in dem Karl Martell erfolgreich die vordringenden muslimischen Mauren vernichtend schlug, und den von ihnen eroberten Süden komplett zurückeroberte. Mit der Vertreibung dieser „Ungläubigen" verdiente sich Karl Martell ewigen Ruhm in den Augen der damaligen Christenheit. Nach seinem Tod lies Karl Martell das Reich, so wie es damals üblich war,

---

1 vgl. auch Peter Wapnewski, *Deutsche Literatur im Mittelalter* (Göttingen: Vandenhoeck und Ruprecht, 1990) 18-19
2 vgl. auch Alessandro Barbero, *Karl der Grosse - Vater Europas* (Stuttgart: J. G. Cotta'sche Buchhandluung Nachfolger GmbH, 2007) 17-18

unter seinen Söhnen Karlmann und Pippin dem Jüngeren aufteilen. Allerdings verzichtete Karlmann bald auf seinen Herrschaftsanspruch und überließ seinem Bruder, Pippin dem Jüngeren, die alleinige Herrschaft. Damals gab es zwar formell noch einen König, da dieser allerdings inzwischen noch nicht einmal mehr repräsentative Aufgaben wahrnahm, beschloss Pippin der Jüngere, dass es an der Zeit wäre, die Macht auch offiziell den damaligen Hausmeiern zu übertragen. Nachdem er sich bei Papst Zacharias rückversicherte, dass ein Herrscher, welcher de facto keine Macht mehr hat, nicht das Recht hat die Königskrone zu tragen, lies er sich im Jahr 751 n. Chr. vom fränkischen Adel zum König ernennen und von den gallischen Bischöfen mit dem geweihten Öl salben. So kam es auch das erste Mal zu einer wirklichen Allianz zwischen der weltlichen und der geistlichen Macht, eine Allianz von der beide Seiten nur profitieren konnten. Pippin hat durch die Salbung das Recht als „von-Gott-Gesalbter" aufzutreten, kann seinen Machtanspruch deshalb innerhalb seinen Reiches deutlich festigen und auch auf die Kirche ausdehnen, der Papst dagegen nahm Pippin das Versprechen die römische Kirche und den Papst vor allem Unheil zu beschützen.[1] Weiterhin begann nun die Ära der „Karolinger", benannt nach ihrem prominentesten Vertreter, Karl dem Großen, man nennt dieses Geschlecht aber auch, in Anlehnung an Pippin den Jüngeren, das Geschlecht der Pippiniden.

Bevor Pippin der Jüngere schließlich im Jahr 768 starb, teilte er das Reich zwischen seinen Söhnen Karl und Karlmann auf, allerdings benutzte er nicht die bekannten Grenzen des austrasischen bzw. eustrischen Reiches, sondern zog neue Reichsgrenzen. Die Teilung des Reiches führte allerdings schnell zu Spannungen zwischen den beiden Brüdern und es ist wahrscheinlich nur den Worten der Mutter Bertrada zu verdanken, dass damals kein Krieg zwischen den beiden ausbrach. Sonst lässt es sich jedenfalls kaum erklären, dass Karl, nachdem Karlmann im Jahr 771 krankheitsbedingt starb, beinahe jedes Jahr verschiedene Schlachten kämpfte, zu Lebzeiten seinen Bruders aber keine einzige. Als Karlmann im Jahr 771 mit 20 Jahren starb, besaß er bereits zwei Söhne, welche seine Nachfolge hätten antreten könne, aber Karl interessierte das wenig und er riss ohne viel Federlesen die Macht ihm ehemaligen Reich seines Bruders an sich, und sowohl die Witwe mit ihren Kindern, wie aber auch viele Getreue des Bruders (Bischöfe, Äbte und Grafen) flohen ins heutige

---

1 vgl. auch Barbero. *Karl der Grosse:* 28

Italien, das Reich der Langobarden.

3.2) Der Sachsenfeldzug Karl des Großen

Mit dem Beginn der alleinigen Herrschaft von Karl dem Großen begann eine Ära die geprägt war von der ständigen Erweiterung des Reiches, aber auch von Reformen, welche er durchführen ließ. Die wahrscheinlich wichtigsten Kriegszüge führte Karl gegen die Sachsen, welche zur großen Ausdehnung seines Reiches im Osten führte , und auf den ich im Folgendem näher eingehen werden, und gegen die Langobarden in der Lombardei, Italien.

Die Kriege gegen die Sachsen waren geprägt von unendlicher Grausamkeit unter dem Deckmantel der Christianisierung und dem Ziel der Eingliederung der Sachsen ins fränkische Volk, sie dauerten insgesamt über 30 Jahre und zeichneten sich durch ein ständiges Hin und Her der Machtpositionen der verschiedenen Parteien aus. Im Jahr 772 brach bei den Sachsen offener Widerstand gegen die Franken aus, nachdem diese „Irminsul" zerstörten, das Hauptheiligtum der Sachsen. Die ersten Feldzüge von Karl gegen die Sachsen waren auch außerordentlich erfolgreich, so dass 5 Jahre später in der „Karlsburg", vermutlich dem heutigem Paderborn, bereits die ersten fränkische Reichsversammlung, auf der besonders eine möglichst rasche Christianisierung besprochen wurde, stattfinden konnte. Die Sachsen waren allerdings noch nicht geschlagen, sie ordneten sich lediglich neu und griffen immer wieder fränkische Festungen und Stützpunkte an. Der Höhepunkt der Aufstände fand sich 782 in der Schlacht bei Süntel, in der die eiligst zusammengezogenen Streitkräfte der Franken vernichtend geschlagen wurden. Wutentbrannt zog Karl mit einem Heer daraufhin nach Sachsen, schlug die Aufstände nieder und ließ der Überlieferung 4500 Sachsen in Verden köpfen, allerdings ist diese Überlieferung bis heute umstritten.[1] Kurzzeitiger Frieden trat das erste Mal im Sachsenreich ein, nachdem der sächsische Herrscher Widukind aufgab und sich mit Karl als Paten taufen ließ und ihm einen Treueeid leistete. Im Jahr 793 kam es allerdings erneut zu großen Aufständen, die Karl wieder mit harter Hand niederschlug, da er auch ein geschickter Politiker war, erkannte er aber, dass er eine neue Politik benötigte und erließ 797 in Aachen eine neue Fassung der „Capitulatio", mit der er einen versöhnlichen Weg gegenüber den Sachsen

---

1   vgl. auch Barbero. *Karl der Grosse:* 56-58

einschlug. Da Karl allerdings auch danach immer noch Angst vor Aufständen und einem erneuten Krieg hatte, ließ er große Teile der Sachsen umsiedeln und das sächsische Land neu mit Franken besiedeln ließ.

Im Jahr 773 befolgte Karl eine päpstliche Bitte nach Schutz vor den Langobarden und eroberte im Langobardenfeldzug von 773-774 das Reich der Langobarden. Die Witwe seines Bruder und ihr Sohn vertrieb er erneut und sie flohen weiter zum byzantinischen Kaiser.

Weitere wichtige Feldzüge Karl des Großen waren die Kriege gegen die Muslime um 778 und der Krieg gegen die Awaren 791 n. Chr..

3.3) Die Zeit des Frühmittelalters nach Karl dem Großen

Karl machte seinen einzigen noch lebenden Sohn, Ludwig dem Frommen, zum alleinigen Herrscher über das Frankenreich und damit zu seinem Nachfolger. Ludwig konnte aber nie über den gewaltigen Schatten seines Vaters hinauswachsen und wurde sogar von seinen Söhnen mehrmals abgesetzt. Nach seinem Tod teilten die Söhne das Reich in drei Teile, dies war der Anfang vom Ende des Frankenreiches in seiner Ausdehnung zu Zeiten Karl des Großen. So erhielt Karl der Kahle das „Westfrankenreich", Ludwig der Deutsche bekam das Ostfrankenreich und Lothar der I. das Mittelreich. Nach dem Tod Lothar des I. beziehungsweise nach dem Tod seiner Söhne wurde das Mittelreich zwischen den beiden Brüdern Karl und Ludwig aufgeteilt. Die Aufteilung des Ost- und Frankenreich in dieser Form blieb in groben Zügen während des gesamten Mittelalters gleich.

4.) Fazit anhand eines Vergleiches der literarischen und historischen Epoche mit besonderem Schwerpunkt auf die Bildungsreform unter Karl dem Großen

In wohl kaum einer anderen Epoche ist der Einfluss der weltlichen Entscheidungsträger auf die Entwicklung der Literatur, der Sprache, derart offensichtlich. Karl der Große führte während seiner Amtszeit mehrere Reformen innerhalb des Frankenreiches durch, die teilweise auch unter seinem Nachfolger Ludwig dem Frommen weitergeführt worden, seine bedeutendste und umfangreichste Reform war die Bildungsreform. Er versuchte, zunächst aus verwaltungstechnischen Gründen, eine einheitliche Schriftpraxis im ganzen Frankenreich einzuführen. Aus diesem Grund wies er seine Klöster an, von nun an Schulen zu unterhalten, in denen Mönche, gestützt durch weltliche Gelehrte, dem gemeinen Volk die Kunst des Lesens und Schreibens näher bringen sollten. Aus diesem Grund lässt sich heute auch noch der starke lateinische Einfluss auf die deutsche Sprache erklären, da die Sprache der Kirche Latein war. Wie bereits oben erläutert ist Althochdeutsch keine fest definierte Sprache, sondern mehr eine Sammlung von Dialekten, welche sich ähneln. Es war allerdings auch Karls Ansinnen, die Liturgie in ihrer Sprache zu vereinheitlichen, denn wie er bereits in seiner „Admonitio Generalis" feststellte: „Denn häufig geschieht es, daß jemand gut zu Gott beten möchte, dann aber wegen der mangelhaften Bücher schlecht betet."[1]. Hierbei spielt Karl auf die Messbücher der Kirche an, welche in der komplizierten lateinischen Sprache, welche „voller rhetorischer Kunstfiguren [sei]"[3].

Auf Grund dieser Reform, und den dadurch entstehenden deutlich erhöhten Schriftverkehr zwischen Klöstern, aber auch Privatpersonen, verbreiteten sich die verschiedenen Dialekte, vermischten sich, und es entstand die große Sprachfamilie des Althochdeutschen.

Aber auch im Hildebrandslied lassen sich die weltlichen Geschehnisse der damaligen Zeit widerspiegeln. Die Saga handelt von Hildebrand, einem Krieger, welcher seinem Herrn in die Verbannung folgt und Frau und Kind verlässt. Als er 30 Jahre mit einem Heer in seine ehemalige Heimat zurückkehren will, stellt sich ihm an der Grenze ein junger Krieger mitsamt Heer entgegen. Hildebrand erkennt nach kurzer Zeit, dass es sich um seinen Sohn Hadubrand handelt, er gibt sich ihm zu erkennen, aber Hadubrand glaubt ihm nicht, fühlt sich und die Ehre seinen totgeglaubten Vaters beleidigt und fordert seinen Vater zum Kampfe auf. An dieser Stelle bricht der Text ab.

Im Zusammenhang mit der bereits erläuterten Geschichte Karls des Großen lassen sich durchaus Parallelen ziehen, zum Beispiel in Bezug auf den Konflikt zu seinem Bruder, denn auch wenn sie sich nie bekriegt haben, bestand eine ständige Spannung zwischen beiden. Außerdem führte Karl bekanntlich viele verschiedene Kreuzzüge, es war also auch eine Zeit die von Kriegen und Schlachten geprägt war. Dementsprechend ist es dann auch nur logisch, dass auch das einzige literarische Werk, welches uns in althochdeutscher Sprache erhalten ist, von eben diesen Dingen handelt.

---

1 Barbero. *Karl der Grosse:* 255, Zeilen 11-12
3 Barbero. *Karl der Grosse:* 258, Zeile 11

5.) Anhang

5.1) Bibliographie

Sekundärtexte:

Bengt Algot Sorensen, *Geschichte der Literatur – Bd. 1 Vom Mittelalter bis zur Romantik* (München: Beck'sche Reihe, 1997)

Peter Wapnewski, *Deutsche Literatur im Mittelalter* (Göttingen: Vandenhoeck und Ruprecht, 1990)

Alessandro Barbero, *Karl der Grosse - Vater Europas* (Stuttgart: J. G. Cotta'sche Buchhandluung Nachfolger GmbH, 2007)

Nachschlagewerke und Lexika

Stephan Müller, *Althochdeutsche Literatur: Eine kommentierte Anthologie* (Ditzingen: Reclam Universal-Bibliothek, 2007)

Siegfried Fischer-Fabian, *Karl der Große 747-814* (Wien: Tosa, 2004)

Jens Weis, *Die frühmittelalterliche Kirche und Gesellschaft von der Taufe Chlodwigs bis zu Karl dem Großen* (München: Grin Verlag, 2008)